W0304188

Dans la collection
CARNETS DE SAGESSE :

PAROLES INDIENNES
par Michel Piquemal
PAROLES DU BOUDDHA
par Marc de Smedt
PAROLES ZEN
par Marc de Smedt
PAROLES DE LA GRÈCE ANTIQUE
par Jacques Lacarrière
PAROLES DE JÉSUS
par Jean-Yves Leloup
PAROLES DE LA ROME ANTIQUE
par Benoît Desombres
PAROLES DE SAGESSE JUIVE
par Victor Malka
PAROLES DE L'ISLAM
par Nacer Khémir
PAROLES DE L'ÉGYPTE ANCIENNE
par François-Xavier Héry
PAROLES DU TAO
par Marc de Smedt
PAROLES DE NATURE
par Jean-Marie Pelt
PAROLES DE SCIENCE
par Albert Jacquard
PAROLES D'AFRIQUE
par Gérard Dumestre
PAROLES CELTES
par Jean Markale
PAROLES SOUFIES
par Sylvia Lipa Lacarrière
PAROLES DES FRANCS-MAÇONS
par Jack Chaboud
PAROLES DES ROMANTIQUES
par Michel Piquemal
PAROLES DE CHAMANS
par Henri Gougaud
PAROLES DES SAGES DE L'INDE
par Marc de Smedt
PAROLES DU JAPON
par Jean-Hugues Malineau
PAROLES DE TOUAREGS
par Maguy Vautier
PAROLES DE PEINTRES
par Jean-François Domergue
PAROLES DU NOUVEAU MOND
par Kenneth White
PAROLES DE MUSICIENS
par Françoise et Bertrand Ballarin
PAROLES DE SAGESSE CHRÉTIEN
par Jean Vernette
PAROLES DE SAGESSE LAÏQUE
par Daniel Royo
PAROLES DE TROUBADOURS
par Jean-Claude Marol
PAROLES ABORIGÈNES
par Thomas Johnson
PAROLES AZTÈQUES
par Jean Rose et Michel Piquemal
PAROLES DU TIBET
par Marc de Smedt
PAROLES DE SAGESSE ÉTERNEL
par Michel Piquemal et Marc de Sme
PAROLES D'ERMITES
par Jean-Yves Leloup

Collection dirigée par Marc de Smedt et Michel Piquemal
Maquette : Dominisque Guillaumin
Illustration de couverture et vignettes : Danielle Siegelbaum

© 1994, Albin Michel Jeunesse
22, rue Huyghens, 75014 Paris
Dépôt légal : 1er semestre 2000
N° d'édition : 12009/3
ISBN 2-226-06686-1
Impression et reliure : Pollina s.a, 85400 Luçon – n°80089-D

PAROLES DE LA GRÈCE ANTIQUE

Textes recueillis par
Jacques Lacarrière

Photos de Jacques Lacarrière

ALBIN MICHEL
CARNETS DE SAGESSE

À Caroline,
pour son sourire de Coré.

Sagesse grecque ! La Grèce regorgea de sages et ce, pendant des siècles, disons depuis le poète Homère (au IXe siècle av. J.-C.) jusqu'à cette date fatidique de 530 apr. J.-C. où l'empereur chrétien Justinien ferme l'Académie d'Athènes et interdit l'enseignement de la philosophie païenne. On peut dire qu'avec l'Inde la Grèce fut le pays où il y eut le plus grand nombre de sages au kilomètre carré ! Des sages de toute sorte, aspect ou acabit. Les uns comme Empédocle se promenaient sur l'agora et dans les rues vêtus de tuniques somptueuses, la tête ceinte d'un bandeau comme les prophètes, et déclamaient leurs œuvres. D'autres comme Platon enseignaient sagement assis sur les gradins de l'Académie ou à la rigueur sur le versant ombragé de quelque colline. D'autres comme Aristote allaient et venaient dans les allées et dans les jardins du Lycée suivis de leurs disciples, d'où leur surnom de péripatéticiens, ceux qui vont et viennent, les promeneurs. D'autres enfin, comme Diogène et les Cyniques, dormaient à même le sol dans les rues, vivaient d'aumônes et enseignaient à tout vent et à tout venant, vêtus de hardes plutôt que de l'himation, ce manteau typique et propre aux philosophes, signe de noblesse du sang ou de l'âme!

Oui, des milliers de sages et de philosophes, les uns ayant pignon, ou plutôt académie, sur rue, comme on dit, auteurs d'œuvres importantes et reconnues, d'autres presque inconnus, voire anonymes, dont il ne reste parfois que quelques bribes de phrases recueillies par un compilateur ou un historien tardif. C'est que la sagesse, la sophia *comme la nommaient les Grecs (et comme ils la nomment aujourd'hui encore) était partie intégrante de la philosophie, elle-même indissociable de la vie collective et sociale. Aussi trouvera-t-on dans ce recueil, glanées parmi quelques dizaines d'auteurs antiques, des paroles non pas issues d'une vérité unique et révélée – comme ce sera le cas quelques siècles plus tard dans la Grèce devenue chrétienne – mais venues de questions, de quêtes, d'une interrogation constante et multiple du monde. Bref, des incertitudes autant que des certitudes. C'est en cela, précisément, que la sagesse grecque demeure toujours vivante. Si certains sages comme Platon proposent une réflexion et un système précis et cohérent, d'autres comme Démocrite, Épicure, Diogène, Pyrrhon, ceux qu'on a nommés les Matérialistes, les Cyniques, les Sceptiques, apportent des réponses très variées et très personnelles. Les Grecs anciens n'ont pas cessé d'interroger le monde et comme ce monde ne leur donnait aucune réponse précise et encore moins unique , chaque école et chaque siècle ont fourni leurs réponses en des formules souvent très imagées.*

D'ailleurs, la sagesse n'est pas uniquement chez les sages, du moins, chez ceux qui font profession de sagesse. Elle est parfois là où on l'attend le moins, sur une tombe d'esclave par exemple, dans un proverbe populaire ou encore dans un poème de Sappho, la plus ancienne mais la plus inoubliable des poétesses de la Grèce. N'oublions pas que, pour les Grecs, la sagesse s'incarnait non dans un dieu mais dans une déesse : Athéna.

C'est donc en cheminant au long des écoles et des siècles qu'on découvrira, en fables, ou dictons ou paroles ou prières, les mille visages de la sagesse grecque, si vaste et si ouverte qu'il faut plus d'un chemin pour aller jusqu'à elle !

Jacques Lacarrière

Connais-toi toi-même.

Inscription du temple
d'Apollon à Delphes
(VIe s. av. J.-C.)

L'Aurige, Delphes (env. 475 av. J.-C.).

Le Temps

est un

enfant

qui joue

aux osselets.

Royauté

de l'enfant.

Héraclite
(VIe s. av. J.-C.)

N'aspire pas, ô mon âme, à la vie immortelle

mais épuise le champ du possible !

Pindare
(Ve s. av. J.-C.)

Les dieux sont seuls à ignorer la vieillesse et la mort. Tout le reste s'altère sous l'emprise du Temps. La force du corps diminue, celle de la terre s'épuise, la fidélité se corrompt et la perfidie la remplace. L'entente des amis, l'alliance des cités naissent et s'effacent tour à tour. Douceurs et amertumes, amitiés retrouvées, amitiés reperdues se partagent la vie des hommes et se succèdent dans leur cœur.

Sophocle
(Ve s. av. J.-C.)

Un jour, les chênes se plaignirent à Zeus :

« À quoi bon, lui dirent-ils, être venus sur cette terre pour finir à coup sûr sous la hache du bûcheron ?
– N'est-ce pas vous, répondit Zeus, les responsables de vos maux puisque vous fournissez vous-mêmes les manches pour les haches ? »

Il en est de même pour les hommes : certains reprochent absurdement aux dieux des maux qu'ils ne doivent qu'à eux-mêmes.

Ésope
(probablement VIe s. av. J.-C.)

La plus belle des choses, pour certains, c'est une troupe de cavaliers ; pour d'autres, une armée de fantassins ; pour d'autres encore, une escadre en mer.

Et
pour moi,
c'est de voir
quelqu'un
aimer
quelqu'un.

Sappho
(VIe s. av. J.-C.)

Coré, jeune fille, Acropole, Athènes (VI^{e}s. av.J.-C.).

VIVANT,

je fus un homme parmi les hommes de cette terre.

MORT,

je suis l'égal de Darius* dans le mystère.

Inscription d'une tombe d'esclave
(IVe s. av. J.-C.)

* Roi des Perses, célèbre pour ses richesses et l'immensité de son empire.

Ici, pousse un arbre béni,

Un arbre ignoré de l'Asie

Et de la terre de Pélops,

Un arbre immortel, invincible,

Terreur des armées ennemies,

Nourriture pour notre vie,

L'olivier aux feuilles d'argent,

L'enfant d'Athéna aux yeux verts.

Sophocle
(Ve s. av. J.-C.)

EN CE QUI CONCERNE LES DIEUX, je ne suis pas en mesure de savoir s'ils existent ou n'existent pas ni quel est leur aspect. Trop de bonnes raisons s'y opposent : le fait qu'ils soient invisibles et la brièveté de toute vie humaine.

Protagoras
(Ve s. av. J.-C.)

Si tu n'espères pas l'inespéré

Tu ne parviendras pas à le trouver.

Inexplorable, inaccessible est son chemin.

Héraclite
(VIe s. av. J.-C.)

À l'entrée de la demeure des Morts

tu trouveras sur la gauche une source.

Près d'elle se dresse un blanc cyprès.

Cette source, ne t'en approche pas.

Tu en verras une autre sortant du lac de Mémoire.

Eau froide qui jaillit. Des gardiens la protègent.

Dis-leur : je suis fils de la Terre et du Ciel étoilé,

de lui, je viens, sachez-le bien.

La soif me consume et me ronge.

Ah, donnez vite l'eau froide qui jaillit

du lac de Mémoire!

Et ils te permettront de boire à la source divine

et désormais héros, sans fin tu régneras.

Prière funéraire orphique
(IIe s. av. J.-C.)

De tous les prodiges de ce monde
Le plus grand des prodiges est l'homme.

Sur les abîmes de la mer,
Sur les vagues et dans les tempêtes
Soulevées par le vent du sud,
Il s'aventure et il chemine.

La plus puissante des déesses,
La Terre impérissable, infatigable
Il la fatigue chaque année
Du va-et-vient de ses charrues,
Il la brise sous les pas des mulets.

Le peuple étourdi des oiseaux,
L'engeance des fauves voraces,
Les habitants de l'océan, il sait
Les capturer dans les nœuds des filets.

Et dans ses pièges il enveloppe
Les bêtes errantes des montagnes
Et courbe sous le joug la crinière
Du cheval et l'inépuisable taureau.

Paroles, pensées agiles, lois civiques
Tout cela, il a appris à le forger lui-même
À se garder des flèches du gel et de la pluie
Et à prévoir les lendemains imprévisibles.
La mort seule échappe à ses pièges
Bien qu'il ait su se prémunir
Contre les redoutables maladies

Mais cette ruse et ce savoir
Qui dépassent toute espérance
L'entraînent tour à tour vers le bien et le mal.
Forte sera sa cité
S'il respecte serments et dieux
Mais morte sera sa cité
S'il laisse le crime croître en lui

Sophocle (Ve s. av. J.-C.)

L'HOMME EST LE RÊVE D'UNE OMBRE.

Pindare
(Ve s. av. J.-C.)

Diogène eut quelque temps un esclave du nom de Manès. Un jour, celui-ci s'enfuit et Diogène ne se soucia nullement de le rechercher. Tous ses amis s'en étonnèrent. « Eh quoi, leur répondit Diogène, Manès peut vivre sans Diogène et moi, je ne pourrai pas vivre sans Manès ? Mon esclave s'est échappé, c'est Diogène qui s'est libéré ! »

Vie de Diogène le Cynique
(IVe s. av. J.-C.)

Diogène.

QUE DE BEAUTÉS ET DE SPLENDEURS nous avons contemplées quand, mêlées aux côtés des dieux à des chœurs bienheureux, nos âmes furent initiées à ces mystères indicibles en exultant de joie, admises à découvrir les images immuables de la pure lumière, et préservées des maux à venir quand il nous a fallu descendre en ce qu'on nomme un corps et nous lier à lui comme l'huître à sa coquille.

Platon
(Ve s. av. J.-C.)

Le plus sage des sages
ne fera jamais
qu'un crabe marche droit.

Aristophane
(Ve s. av. J.-C.)

Un jour, quelqu'un demanda à Anaxagore :

« Pourquoi ne t'intéresses-tu pas à ta patrie ? »
(et par ce mot, il entendait la Grèce).

Anaxagore lui répondit :

« Ma patrie ? Mais je ne m'intéresse qu'à elle ! »
et, de son doigt, il montra le ciel.

Diogène Laerce
(IIIe s. av. J.-C.)

Sur terre, j'étais un pin
que le vent abattit.
Pourquoi m'avoir fait mât
et me livrer aux flots ?

Anthologie palatine
(IIIe s. av. J.-C.)

CORINTHE, où sont tes murs, où sont tes forteresses,
TES PALAIS, tes jardins et ton orgueil détruit ?
OÙ SONT les beaux époux et les tendres maîtresses ?
TON PEUPLE, par milliers, où dort-il aujourd'hui ?

LA GUERRE a tout brisé en son obscène rage ;
RIEN ne subsiste plus du luxe dispersé ;
ET SEULE, nymphe grise errante sur la plage,
LA MOUETTE semble pleurer sur le passé.

Anthologie palatine
(Ier s. av. J.-C.)

Marchant un jour d'été en plein midi, des voyageurs aperçurent un platane et coururent aussitôt s'étendre sous son ombre. L'un d'eux leva les yeux vers l'arbre et dit : « Cet arbre ne sert à rien car il n'a pas de fruits. » Mais le platane répliqua : « Vous osez me dire inutile à l'instant même où vous profitez de mon ombre ! »
Il en est de même chez les humains : certains sont si déshérités que même lorsqu'ils rendent service ils ne persuadent personne de leur utilité.

Ésope (probablement VIe s. av. J.-C.)

Il faut se souvenir aussi de celui
qui oublie où mène le chemin.

Héraclite
(VIe s. av. J.-C.)

Photo « Terre humaine » -Plon.

Né en 1925, Jacques Lacarrière, après des études de lettres classiques au lycée d'Orléans puis à la Sorbonne, quittera la France en 1950 pour voyager en Grèce et dans le Proche-Orient pendant vingt ans. Il en rapportera plusieurs ouvrages sur la Grèce, l'Égypte et la Turquie ainsi que de nombreuses traductions d'auteurs grecs anciens et modernes. Ces voyages ne sont d'ailleurs nullement terminés : son prochain livre relatera les errances d'un moine mystique et soufi à travers l'Anatolie.

Toutes les photos illustrant ce recueil ont été prises par l'auteur en Grèce au cours des trente dernières années, à l'exception des documents suivants :
pages de garde : Coré archaïque VIe s. av. J.-C., Athènes (Giraudon) ; p. 10 : L'Aurige (détail), musée de Delphes, © Fratelli Alinari/Giraudon, Anderson/Giraudon ; p. 20 : Coré archaïque, Parthénon, Athènes, VIe S. av. J.-C., (Giraudon) ; p. 36 : Diogène, Rome, I -IIIe s. apr. J.-C. (Alinari/Giraudon) ; p.40 :«Les quatre saisons», IIIe s. apr. J.-C., Espagne (Lauros/Giraudon).

Comme je l'ai écrit dans la présentation du présent recueil, la sagesse grecque ne réside pas seulement dans les livres des philosophes mais se trouve disséminée à travers les œuvres poétiques ou populaires de la Grèce antique. Je n'indique donc ici que les ouvrages généraux qui permettent d'aller plus loin dans les textes ou les auteurs cités et proposent un parcours inventif plus que des études spécialisées.
D'abord et avant tout, deux anthologies d'aujourd'hui, très différentes par leur approche et par leurs traductions mais aussi passionnantes l'une que l'autre, allant toutes les deux d'Homère à Paul le Silentiaire, c'est-à-dire parcourant douze siècles de poésie grecque : Marguerite Yourcenar, *La Couronne et la Lyre*, Gallimard, 1979 ; Robert Brasillach, *Anthologie de la poésie grecque*, Stock, 1991.

Pour les philosophes présocratiques, la somme de leurs œuvres se trouve dans *Les Présocratiques*, Gallimard, « Bibliothèque de la Pléiade », 1988, mais on pourra lire aussi avec beaucoup de plaisir, notamment pour la qualité de ses traductions, *Trois Présocratiques*, d'Yves Battistini, Gallimard, 1988.

Pour tous ceux qui voudraient s'aventurer dans la lecture de Platon, je recommande particulièrement les traductions parues ces dernières années chez Garnier-Flammarion, traductions à la fois fidèles et accessibles, qui couvrent la presque totalité de l'œuvre du philosophe. On y trouvera aussi *De l'âme*, d'Aristote.

Enfin pour faire le tour complet des sages antiques, connaître leur œuvre mais aussi leur vie quotidienne, je recommande vivement la lecture d'un livre qui offre un parcours essentiel de Thalès jusqu'à Épicure : Diogène Laerce, *Vie, doctrine et sentences des philosophes illustres*, Garnier/Flammarion, 1993.